एहसास-ए-ज़िंदगी

आशीष त्रिपाठी

Made with ❤ on the Notion Press Platform

www.notionpress.com

कॉपीराइट © 2023 आशीष त्रिपाठी

मैं कविताओं के इस संग्रह को अपने माता-पिता, मेरी बहनों, उनके बच्चों, मेरी पत्नी, मेरी प्यारी बेटी, मेरे दोस्तों और मेरे सभी पाठकों को समर्पित करता हूँ।

प्राक्कथन

प्रिय पाठको,

श्री आशीष त्रिपाठी कृत "एहसास-ए-ज़िंदगी" कविता संग्रह प्रस्तुत करते हुए मुझे बहुत ख़ुशी हो रही है । नोशन प्रेस द्वारा प्रकाशित कृति का यह पहला संस्करण है ।

रचनाकार आशीष लखनऊ से ताल्लुक़ रखते हैं, इसलिए इनकी भाषा में उर्दू और हिंदी दोनों के शब्द मिलेंगे । ज़्यादातर कविताएँ अछांदस हैं और छोटी-छोटी हैं कुछ तो क्षणिकाएँ हैं लेकिन भाव की दृष्टि से बहुत ही समृद्ध हैं । इस संग्रह की लगभग सभी कविताएँ ज़िंदगी के एहसासों पर केंद्रित हैं । मुझे यक़ीन है कि आप इन्हें पढ़ेंगे समझेंगे और सराहेंगे ।

मुझे आशा है कि आशीष त्रिपाठी जी के इस प्रथम काव्य संग्रह का हिंदी साहित्य जगत में स्वागत होगा और कवि आगे भी अपनी रचना धर्मिता को जारी रखेंगे और भविष्य में अपने नए काव्य संग्रह के साथ प्रस्तुत होंगे ।

शुभकामनाओं सहित,

डॉ. माणिक मृगेश
अध्यक्ष,
पश्चिमांचल हिंदी प्रचार समिति,
वडोदरा- 390024
mrigeshmanik@gmail.com

एहसास-ए-ज़िंदगी

अनुक्रमणिका

15. शीर्षक: होली

16. शीर्षक: मुल्क

17. शीर्षक: मज़हब

18. शीर्षक: ख़्वाहिशें

19. शीर्षक: वर्तमान

20. शीर्षक: नई उड़ान

21. शीर्षक: इल्तिजा "कोरोना काल"

22. शीर्षक: कोविड मैराथन

23. शीर्षक: महाकाल कोरोना

24. शीर्षक: अमन "विश्व शांति दिवस"

25. शीर्षक: सुरक्षा "विश्व सुरक्षा दिवस"

26. शीर्षक: संवेदना "विश्व पर्यावरण दिवस"

27. शीर्षक: नारी बड़ी महान तू "विश्व महिला दिवस"

28. शीर्षक: श्रद्धांजलि "श्री अटल बिहारी वाजपेयी"

1. शीर्षक: ज्ञान

ज्ञान से है संरक्षित,

सारी यह रचनाएँ,

ज्ञान में है सम्मिलित,

भविष्य की घटनाएँ,

ज्ञान में है दर्शन,

उत्तम मार्ग जो दिखाएँ,

ज्ञान है सर्वोत्तम,

अंतर्मन प्रज्ज्वलित,

जीवन प्रकाशित,

जो कर जाए।

2. शीर्षक: बारिश

बारिश की बूँदें आयी हैं,

कितने एहसास संग लायी हैं,

काश वो पल वापस मिल पाते,

जब हम फिर से बच्चे बन जाते,

ये बूँदों की टप-टप ये बारिश की छम छम,

वो नन्हे से पैरों में पायल की छन छन,

वो बच्चों की टोली में छप छप नहाना,

वो बार बार काग़ज़ की कश्तियाँ बनाना,

वो गलियों की मौजे वो चाट के ठेले,

अब भी याद है मुझे वो सावन के मेले,

वो लड़ना-झगड़ना ख़ुद ही रूठ जाना,

वो बातों ही बातों में फिर मान जाना,

अब्बा की फटकार वो अम्मी की लाड़,

याद आते हैं पल वो मुझे बार बार,

काश वो पल वापस मिल पाते,

जब हम फिर से बच्चे बन जाते।

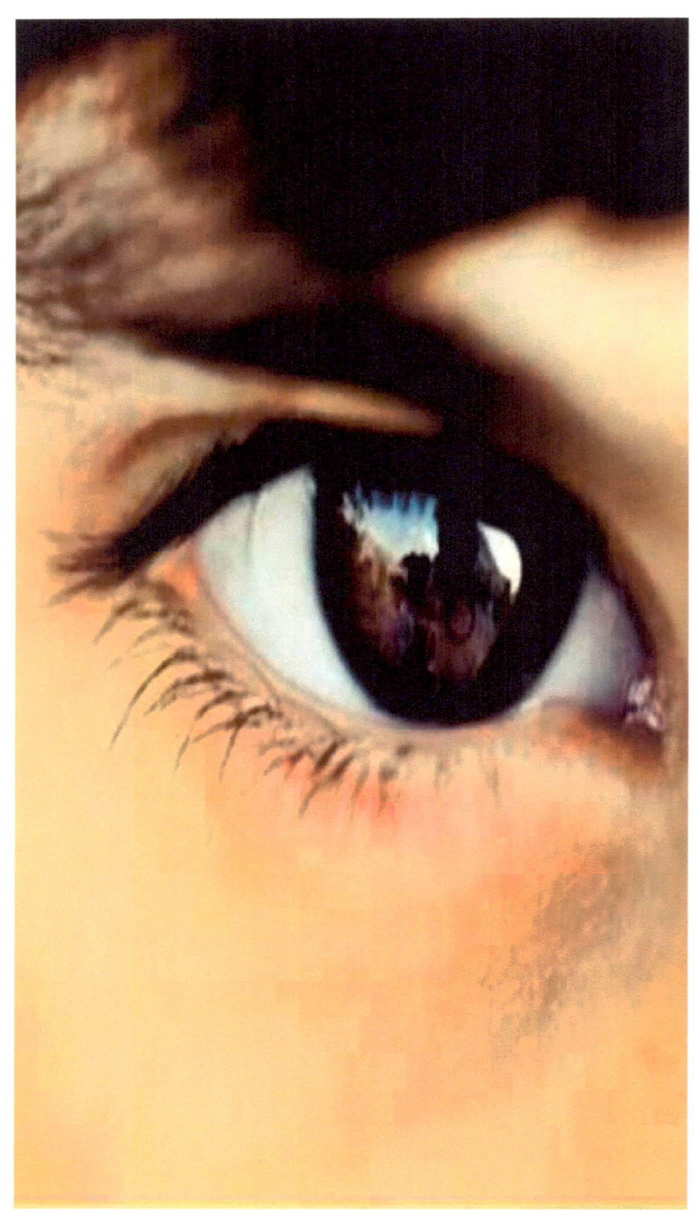

3. शीर्षक: हालात

दफ़न हो रही मोहब्बत,

जल रहा मुल्क यह,

हुक़्मरानों की करामत,

रंग रही खौफ़ है,

भाई भाई को जुदा कर,

मजहब की आड़ में,

बदसूरती बिखेरे,

कानून के हालात पे,

बनके अनजान हम,

खुद ही ज़हर घोलते,

हुक़्मरानों की हुकूमत,

सही हम तौलते,

बंद करके हम आँखें,

दे रहे पैग़ाम ये,

ये तो रोज़ के फ़साने,

मुँह मोड़ तू इंसान रे,

बस देख तरक़्क़ी का आलम,

चढ़ रहा परवान जो,

इमारतों के शहर में,

क्यों खोजता इंसान को,

ना खोज तू इंसान को ।

4. शीर्षक: बिटिया

बिटिया जो घर है आयी,
अपने संग पालना है लायी,
होठों पर मुस्कान बिखेरे,
ममता का आँचल भर लायी,
लुटा के सारी दौलत भी महज़,
छोटी ही रहती दुनिया अपनी,
जो तू मेरे पास आयी,
दुआओं की नेमत है पायी,
बेटियों को कहते हैं पराई,
सब कहते बधाई-बधाई,
मेरी बिटिया मेरा सब कुछ,
बाक़ी बातें रीति पराई,
बिटिया याद दिलाती बचपन,
छलके आँसू तन मन तन मन,
लौट रही हैं यादें सारी,

भूली बिसरी बातें सारी,
ना सिर्फ वक़्त सब कुछ हैं तेरा,
तेरी ख़ुशियाँ मेरा सवेरा,
ताउम्र बस सलामत रहे तू
नाम तेरा दुआओं में गहरा।

5. शीर्षक: एहसास

ज़मीन ना मिल्कियत किसी की,

है यह तेरी और मेरी,

दफ़न हो या ख़ाक हो,

क्या फर्क क्या शान तेरी या मेरी,

समझता ख़ुद को बड़ा,

कितना अनजान तू

चीटियों के महल में,

रहता इंसान तू

हँस रहा ख़ुदा भी देख,

परेशान मेरा राम भी,

इंसान को बनाकर,

है क्यों हैरान भी,

बँट रहा तू रंग में,

एहसास करके तो देख,

घटती है शान तेरी,

घटती है शान मेरी।

6. शीर्षक: कान्हा

मुस्कान की ओढ़े हैं चादर,

प्रेम की थामें हैं गागर,

कान्हा हैं मां को सताते,

चोरी से माखन हैं खाते,

छुप छुप के बंसी बजाना,

राधा की चुनरी छुपाना,

गोपियों को हैं बुलाते,

संग उनके हैं रास रचाते,

ऊँगली पर पर्वत उठाना,

कंस की माया हराना,

मुक्त माता पिता कराते,

लोगों की चिंता मिटाते,

ज्ञान का दीपक जलाना,

अर्जुन को गीता सुनाना,

विपदा सबकी हैं हरते,

जगत का पालन हैं करते,

जगत का पालन हैं करते।

7. शीर्षकः भारत

उत्तर में हिमालय जिसके,

दक्षिण में है सागर,

पूरब में हरियाली ओढ़े,

पश्चिम में है बागड़,

भिन्न भिन्न है प्रांत जहाँ पर,

भिन्न भिन्न है गाथा,

भिन्न भिन्न है रूप रंग,

और भिन्न भिन्न है भाषा,

मेरा भारत वर्ष है ऐसा,

जिसकी बात निराली,

नदियाँ बहती स्वर्ग से जिस पर,

खेतों में ख़ुशहाली,

ऋतुओं का आना और जाना,

प्रकृति इसका गहना,

चारों दिशाओं में भारत,

नाम प्रबल है रहना,

नाम प्रबल है रहना ।

8. शीर्षक: पथ

पथ पर चलता सूरज भी,

पथ पर चलता चंदा भी,

पथ पर चलना सृष्टि का नियम,

पथ पर चलता इंसा भी,

पथ जो जाने सफल वही है,

पथ पहचाने मंज़िल वही है,

पथ पर मुश्किल दबी हुई है,

पथ पर ख़ुशियाँ छिपी हुई है,

पथ प्रयासों का है कारण,

पथ कर्तव्यों का है पालन,

पथ में निष्ठा है उदाहरण,

पथ में साहस का संचारण,

सफल वही जो पथ है जाने,

सफल वही जो पथ पहचाने।

९. शीर्षक: तस्वीर

सजते हैं दीवारों पर,

यादों के मेले,

लहरों की तरह जैसे हो,

वो वक़्त के गुज़रे लम्हे,

उनमें है बचपन,

उनमें जवानी,

और बेफ़िक्रे से वो पल,

जो याद दिलाएँ हमको बातें,

जब मुड़ के देखे अपना कल,

जब मुड़ के देखे अपना कल।

10. शीर्षक: यादें

मंदिरों की वो घंतियाँ,

अज़ानो की आवाज़े,

याद दिलाती हमको बातें,

बचपन की सौग़ातें,

सुबह होती अज़ान से यारों,

परीक्षाओं के वो पल,

दोहराने का वो सब कुछ यारों,

तैयारी के वो पल,

शाम तलक घंतियाँ बज जाती,

और आस्माँ होता अंधियारा,

लौट रहे होते थे हम सब,

खेल से करके किनारा,

देर रात तक जाग के फिर से,

करते थे तैयारी,

बिखरे पन्ने बिखरी किताबें,

याद में आती सारी,

याद में आती सारी।

11. शीर्षक: ख़्वाब

सच बोलती है ज़िंदगी,

सच बोलते हैं ख़्वाब तेरे,

मुश्किलों के दौर में,

न कोई है साथ तेरे,

न कोई है माँझी तेरा,

इस लंबी तनहा रात में,

फिर तू क्यों है खड़ा,

किसी के इंतज़ार में,

जानता है ख़ुद ही तू,

इस ज़माने की सच्चाई को,

रंग बदलती दुनिया को,

और इंसान की बेवफ़ाई को,

बस याद रख इस बात को,

कि रब ही है माँझी तेरा,

हर दुआ में उससे सदा,

माँग तू वह हौसला,

जो कर दे फ़ना,

हर उस बात को,

कि सच बोलती है ज़िंदगी,

सच बोलते हैं ख़्वाब तेरे,

मुश्किलों के दौर में,

न कोई है साथ तेरे,

न कोई है साथ तेरे।

12. शीर्षक: मन की खोज

मन में काशी,

मन में शिवा है,

मन में मौला,

मन में ख़ुदा है,

मन तेरा जो सब है जाने,

फिर काहे क्यों भेद है माने,

मंदिर मस्जिद काबा घूमे,

मृगतृष्णा की खोज में झूमे,

कस्तूरी मृग खोजे सुरभि,

इंसान खोजे मन की मुरली,

ज्ञान नहीं अभिमान बड़ा है,

बोल बड़े पर मन छोटा है,

मन तेरा पर सब है जाने,

फिर काहे को भेद है माने,

फिर काहे को भेद है माने।

13. शीर्षक: जब नया सवेरा आएगा

जब नया सवेरा आएगा,

मिट जाएँगी सब तकलीफ़ें,

जब नया सवेरा आएगा,

धुल जाएँगी सब तस्वीरें,

जब नया सवेरा आएगा,

ना होंगे कोई वादे झूठे,

जब नया सवेरा आएगा,

ना सुनेगा कोई सिर्फ चीखें,

जब नया सवेरा आएगा,

ना बनेगा कोई परीक्षा बिन राजे,

जब नया सवेरा आएगा,

ना होगी नफ़रत की सिर्फ़ बातें,

जब नया सवेरा आएगा,

ना होगी प्रजा बहकावे में,

जब नया सवेरा आएगा,

ना बनेगा दोषी विचारों से,

जब नया सवेरा आएगा,

हौसलों की उड़ान होगी,

जब नया सवेरा आएगा,

मुस्कान तेरी पहचान होगी,

जब नया सवेरा आएगा,

मुस्कान मेरी पहचान होगी।

INDIA
INDIA
CHOPRA

14. शीर्षक: नीरज "टोक्यो ओलंपिक्स 2020"

यूँ खिला चमन में,

आज तेज सितारा,

मुस्कान को बिखेर के,

मचा शोर शराबा,

लगन और मेहनत जो रंग है लाई,

स्वर्ण अक्षरों में नाम तेरा दर्ज़ कराई,

मुश्किलों से लड़ के साबित जो हुआ तू,

दर्द से उभर के काबिल जो हुआ तू

वक़्त ने भी आज शहनाई बजाई,

तेरे नाम की महिमा,

जगत में छाई,

तेरे नाम की महिमा,

जगत में छाई।

15. शीर्षक: होली

हर रंग है सच्चा,

हर रंग है पक्का,

हर रंग में रंग है,

जब सब संग संग हैं,

हर बेतरतीबी सच्ची लगती,

हर मौज मस्तियाँ अच्छी लगती हैं,

आज दिन लग रहा सतरंगी सा यूँ

हर शख़्स दिख रहा बेढंगी सा क्यों,

हर गलियाँ महकी पकवानों से,

जब होली दहकी अंगारों से,

आज हर जीत है पक्की मन कह रहा,

हर खोट मिट रहा रंगों से है,

हर खोट मिट रहा रंगों से है।

16. शीर्षक: मुल्क

मुल्क है हसीन हमारा,

मुल्क है अज़ीम हमारा,

मुल्क से है जान हमारी,

मुल्क से पहचान हमारी,

यह मुल्क गुलिस्ताँ हमारा,

यह मुल्क हिंदुस्ताँ हमारा,

यह मुल्क हिंदुस्ताँ हमारा,

यह मुल्क हिंदुस्ताँ हमारा।

17. शीर्षक: मज़हब

चाहे हो शिया चाहे सुन्नी,

चाहे हो यहूदी चाहे यज़ीदी,

चाहे हो हिंदू चाहे इसाई,

हम सब बस ईश्वर की परछाई,

मज़हब तो है बंदों का ज़रिया,

जो पार कराए उनको वो दरिया,

जो होती हर ज़िंदगी की सच्चाई,

चाहे तो बिता लो हँसते गाते,

चाहे तो अंधेरे में कटती रोती रातें,

चाहे बना लो उसको मुस्कुराहट का ज़रिया,

और पोछो आँसू हर मासूम चेहरे का,

ना लड़ो इस मज़हब के कारण,

यह तो है ज़िंदगी का एक अंश,

ना तो है यह पूरी ज़िंदगानी,

बस है थोड़ा-सा बहता पानी,

बस है थोड़ा-सा बहता पानी।

18. शीर्षक: ख़्वाहिशें

कभी ख़्वाहिशें फैली हुई,

कभी बिखरे पन्ने किताब के,

कभी लग रहा सूना सा मन,

किसी चाह में किसी ख़्वाब में,

कभी उलझने जकड़ी हुई,

किसी राह की तलाश में,

कभी आस्माँ देख लग रहा,

दिल हौसलों की उड़ान में,

वक़्त तो है ना सगा,

किसी दिन में,

ना किसी रात में,

अब वो सिर्फ तेरे ख़्वाब हैं,

जो है तेरे साथ में,

जो है तेरे साथ में।

19. शीर्षक: वर्तमान

क्या फ़साना बुलंद है यहाँ,

वक़्त का पैमाना जुदा है जहाँ,

फुर्सत नहीं यहाँ इंसान को,

भागे जाना है बस काम दुनिया जहान को,

मीठे बोल ना बोले जाते,

काम निकाला आगे बढ़ जाते,

छूट सा जाता मान सम्मान,

बस मतलब की जान पहचान,

पढ़ी थी पढ़ाई इंसान बनने को,

सीखी थी लिखाई जहान बदलने को,

अब बदल गया है ख़ुद इंसान,

सही ना ग़लत बस जिसकी शान,

सही ना ग़लत बस जिसकी शान।

2019

20. शीर्षक: नई उड़ान

यूँ हुई फिर शुरू,

ज़िंदगी होकर मुझसे रूबरू,

लौटते अनचाहे पल,

करते मुझसे गुफ़्तगू,

कभी लगता बेख़ौफ़ मन,

कभी लग रहा सूना सा पन,

तू दिल की पुकार सुन,

तू हौसलों की उड़ान चुन,

हुई ना देर यह मान तू,

झुका कभी ना यह जान तू,

लक्ष्य को पहचान के,

अपने वक़्त को सँवार तू,

यूँ हुई फिर शुरू,

ज़िंदगी होकर मुझसे रूबरू।

21. शीर्षक: इल्तिजा "कोरोना काल"

तन्हाइयों में कट रहा,

जीवन का यह सफ़र,

धीरे धीरे चल रहा,

वक़्त इस क़दर,

कि जैसे हर पल लग रहा,

एक अरसा एक पहर,

सफ़र लंबा है मगर मुश्किल तो नहीं ,

आरज़ू जीने की है तो अलग रहना है सही,

सिर्फ़ अपनों के साथ अपनों के बीच,

याद रखना है आज हमें यह सीख,

सभी कोशिशें रंग लाएगी,

मुश्किल की घड़ी टल जाएगी,

ना वक़्त रुका है ना रुकेगा कभी,

हर चेहरे पर मुस्कान फिर आएगी,

हर चेहरे पर मुस्कान फिर आएगी ।

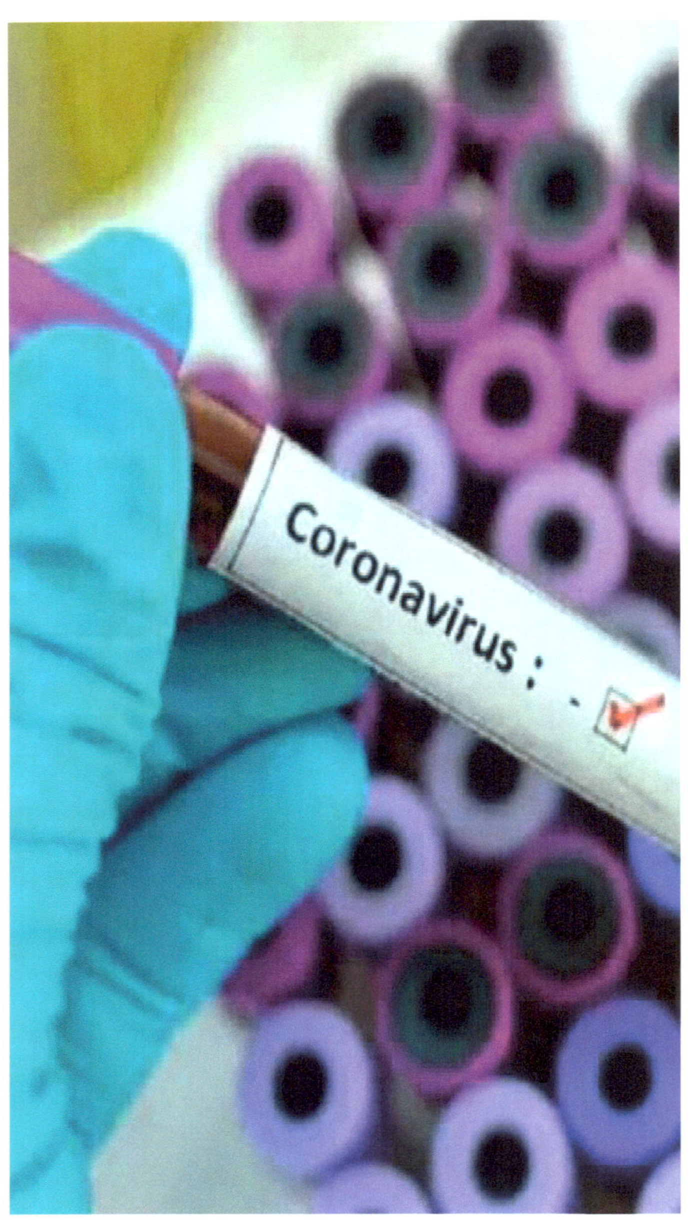
Coronavirus : -

22. शीर्षक: कोविड मैराथन

खुले मंदिर,

खुले विद्यालय,

मने सारे,

तीज त्योहार,

घूमे जब लोग जग सारे,

फिर क्यों डरिए,

कोरोना की मार।

रात में घूमे,

कोविड ज़्यादा,

सोचते हैं,

अब सब कोई,

लगा के कफ़र्यू ठीक करेंगे,

बिगड़ा सिस्टम,

हर कोई।

हम ना सुधरे,

तुम ना सुधरे,

ना सुधरा कोई,

सिस्टम यार,

जो होना सो होएगा ही,

फिर क्यों डरिए,

कोरोना की मार।

सही वक़्त पे,

काज ना कीजे,

अब पछताए,

होत क्या,

भागो आगे कोविड पीछे,

रेस में देखो,

हर कोई।

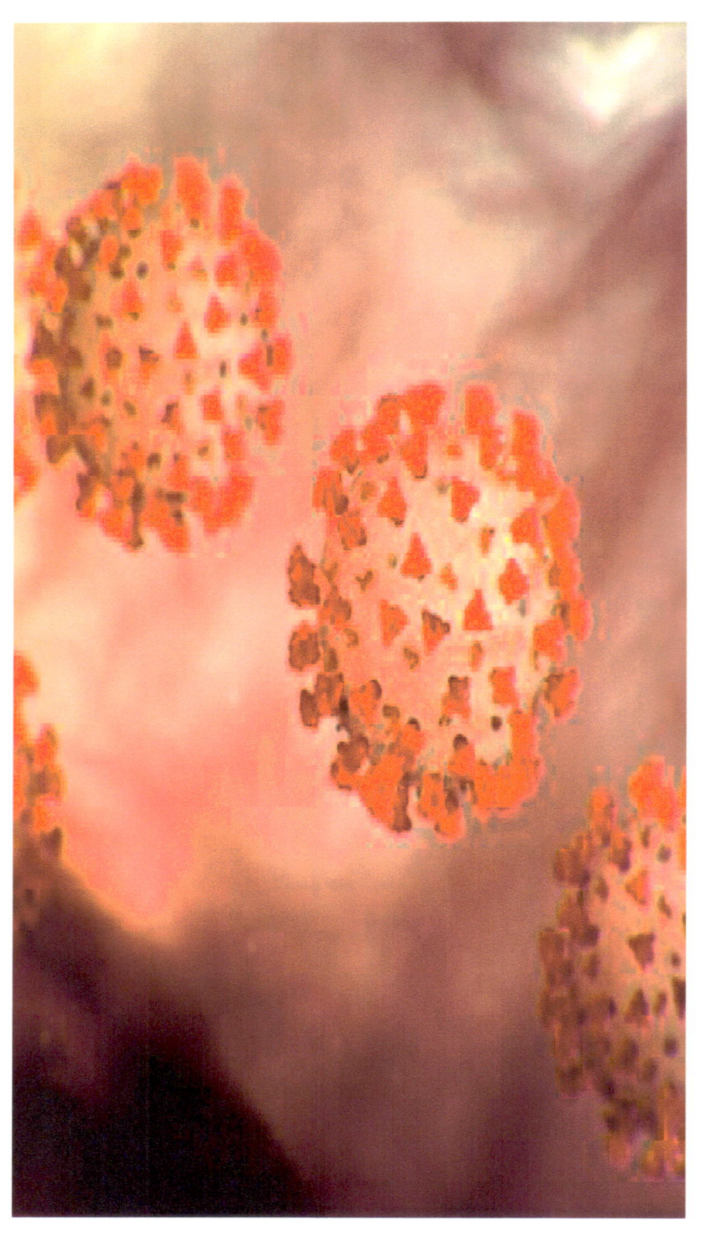

23. शीर्षक: महाकाल "कोरोना"

साज़िशें कर रहा,

यह वक़्त क्यों इंसान पे,

मर रही है ख़्वाहिशें,

मर रही है चाहतें,

हौसलों की तमन्ना,

फिर जगानी है हमें,

वक़्त से है सीख के,

वक़्त को है जीत के।

लग रहा यह रोग क्या,

ना जाने इंसान भी,

बढ़ रहा हर पल यहाँ,

खौफ़ जो अनजान भी,

मुश्किलों में पड़ गई,

है जान हर इंसान की,

मुस्कुराने की वजह,

गुम कहीं गुमनाम भी,

48

24. शीर्षक: अमन "विश्व शांति दिवस"

अंधकार से घिरा है,

यह मेरा सारा जहां,

होते कत्लेआम से,

शख़्स शख़्स है दरमियां,

लड़ रहे हैं ना जाने किस की लड़ाई को,

मारते हैं हर रोज़ औरतें बुजुर्ग,

ना जाने किसकी भलाई को,

आज तो रो रहा ख़ुदा भी देख यह तमाशा,

सोचता अपने बच्चों को देख,

क्या गुम हो रहा उसकी कायनात का नज़ारा,

एकांत में बैठकर ज़रा सोच तू ए इंसान,

क्या शर्म से नहीं झुकी है तेरे ही मजहब की शान,

खुली नज़रों से देख दिखेगा तुझे सब कुछ साफ,

ख़ुदा के लिए सब है एक और एक ही मकसद के नाम,

अमन और इंसानियत।

Safety
First !

25. शीर्षक: सुरक्षा "विश्व सुरक्षा दिवस"

सुरक्षा से खुशहाली हमारी,

परिवार की है ज़िम्मेदारी हमारी,

कर्तव्यों का पालन करना,

ध्यान में सुरक्षा हमको रखना,

भूल से भी ना दुर्घटना हो,

ना कोई चोटिल,

ना कोई जुदा हो,

अपनी जगह को साफ रख कर,

सुरक्षा उपकरणों को अपना कर,

ध्यान से नियमित कार्य करना,

अपने संग सबको सुरक्षित करना,

है मंत्र मानव जाति का अब यह,

हमको अपनों को सुरक्षित करके,

मुस्कान को अब यूँ फैला के,

सुरक्षित होकर डर को भगा के,

हेलमेट गॉगल दोस्त हैं अपने,

सुरक्षित जूते ख़ास है अपने,

कानों की भी रक्षा करना,

बात सरल,

बस ध्यान है रखना,

आँखें खुली मन चौकन्ना हो,

भूल से भी ना दुर्घटना हो,

परिवार पर ख़ुशियाँ,

सदा ही बरसे,

बस याद हमें रखना है,

अब से,

बस याद हमें रखना है,

अब से।

26. शीर्षक: संवेदना "विश्व पर्यावरण दिवस"

बिन मौसम ही बरसे पानी,

बिन मौसम ही गर्मी,

धूप छाँव करवट लेती हैं,

बिन मौसम में सर्दी।

मानव निर्मित संकट ये यारों,

समझ रहा ना फिर भी,

चिमनियों से धुआँ उगले,

नदियों में बहता मल भी।

केश रूपी वृक्षों को काटे,

चीख रही है धरती,

समझ नहीं है, बंद है आँखें,

जागता है ना फिर भी,

जागता है ना फिर भी।

27. शीर्षक: नारी बड़ी महान तू "विश्व महिला दिवस"

नारी बड़ी महान तू

तू है दुर्गा तू है काली,

तू ही तो है परम विशाल स्वरूप,

तुझमें ही ज्ञान प्रकाशित ज्योति,

तुझमें ही ममता की अनुभूति,

तेरे बिन ना जीवन में साँसें,

तेरा रूप पावन गंगा के किनारे,

तू है पूजा तू है आरती,

तू ही तो जीवन में सुख लाती,

तेरे से मासूम चेहरे हैं खिलते,

तेरे बिन दिन में हो अँधेरे,

मुट्ठी बंद कर आँखें नम कर,

क्यों सहती किसी अपमान को तू,

जान ले अब बस बात बड़ी है,

तू है दुर्गा तू है काली,

तू ही तो परम विशाल स्वरूप।

28. शीर्षक: श्रद्धांजलि "श्री अटल बिहारी वाजपेयी"

सुनने को जिनको,

चौराहों पर,

लगती थी जो भीड़,

उस भीड़ का हिस्सा मैं भी था,

बचपन की यादों की तस्वीर,

नन्हे मन में जागते सपने,

सुनके वो बातें,

आज खो गई,

लुप्त हो गई,

वो काल में आवाज़ें,

सब को साथ में लेकर चलना,

कभी होता नहीं आसान,

इस व्यक्ति ने तोड़ी रस्में,

पाया मान सम्मान।

धन्यवाद !